Grenzlagen

Michael Mäde-Murray

Grenzlagen

Texte aus der Zwischenzeit

Bibliografische Information der Deutschen Nationalbibliothek:
Die Deutsche Nationalbibliothek verzeichnet diese Publikation in der Deutschen
Nationalbibliografie; detaillierte bibliografische Daten sind im Internet über
http://dnb.dnb.de abrufbar.
© 2021 Michael Mäde-Murray
Fotografien: Nataly Murray
Coverfoto: Nataly Murray

Satz, Covergestaltung, Herstellung und Verlag: BoD – Books on Demand, Norderstedt
ISBN: 978-3-7543-2784-5

Endlicher Herbst

Der erste Herbsttag

macht schon ernst
grau, feucht und klamm,
Der Garten hinterm Haus
wird Krähenland,
und die Guardia Civil,
Francos einst'ge Schergen,
verprügeln die Wähler
des freien Kataloniens.

1. Oktober 2017

Oktober

Sonne mild und golden
Blätter fallen in lautlosem Reigen.
Kein Luftzug.Graumellierte Stille.
Goldgelb belassen der Horizont
zwischen den Schluchten der Strassen.
Er, vorsichtig schreitend,
wartet auf den nächsten Schlag.

1. Oktober 2019

Schmerztage

in Erwartung des Winters.
Allerheiligen, pünktlich
stürzt Regen alle Rinnen hinab.
Ich dreh mich, umschlossen
vom Meer des Vergessens
aus dem Licht.

1.November 2020

Eine schlaflose Müdigkeit

überrollt die Nächte.
Ich taumele in den Morgen,
Der starrt mich an:
Klamm und grauweiß
geworden
wie mein Gesicht.

2. November 2020

Eine Nacht vor dem Winter

Wo kam er her,
wo geht er hin?

Schon schier
festgewachsen
in feuchtem Laken.

Worte flüsternd
mit schwindendem Sinn,
hängt er dem Tode
schon am Haken.

So manche Nacht

trümmert der Schmerz
gegen die Wand
meiner brüchigen Hülle.

Ein Nachtwächter
trägt Feuer
durch die Straßen.

Ich flackre auf
wie ein Irrlicht.

Verlier' ich den Verstand,
Liebste,schubs mich
übern Rand, Liebste.

Die unten waren sind aufgestiegen
Wer unterliegen will muß siegen

Thomas Brasch, Schlimmer Traum

Der dritte November

Was fehlt: Sein kindliches Hoffen.
Unser Lohn, sein Hohn
unsrer Geduld mit den Verhältnissen.
Sein sachlich hoher Ton,
(wie ihn nur wenige treffen)
fehlt wie Nahrung
schon seit fast 20 Jahren.

Der Westen ist schlauer.
Für ihn ist Geld die Mauer

Losung in Berlin Kreuzberg

4. November 1990

Auf dem Alexanderplatz tanzt eine Plastiktüte
zu Walzerklängen um den Springbrunnen.
Ein kalter Ost trägt allein sie
durch die Dämmerung.

Trunken wandelt ein Mitglied des Volkes,
die Flasche schwenkend, wie einst die Fahne
zur Untergrundbahn.

Ein Mops kotzt
an die Fassade des Centrum Warenhauses.
Das hat den nächsten Käufer
freilich schon gefunden.

Der 26. November 2020

Grauweiß der Himmel über Berlin,
die Krähen ergreifen
wieder Besitz von den Gärten,
nachdem sie die Raben
endlich vertrieben haben.

Das Elend des Kapitalismus
hat sich einen weiteren
Nickname zugelegt
und heißt jetzt *Corona*.

Und den vierten Tag
in Folge sehen wir
keine Sonne,
(oder ist es schon das 4. Jahr?)

Gleissender Nebel
verdeckt
den allzu offenbaren
Zusammenhang.

Des Gartens Weltpolitik

In schwarzen Himmelfetzen
treibt der Frost aus Osten heran.
Die Krähen in geschlossener Phalanx
auf der Teppichstange schlagen
einen imaginierten Angriff zurück.
Unsere Eichhörnchen gründen
einen eigenen Sicherheitsdienst.

Bleiben will ich, wo ich nie gewesen bin.

Thomas Brasch, Der Papiertiger

Ausgangs des Tals

ahne ich den Betrug.
Zu schön die Berge,
das satte Grün,
wo Felsen nackt
sein müssten.

Und Menschen
mit offenem Blick
Klar! Ein Traum
gleißend, Sekunden
vor dem vorläufigem
Erwachen.

Herbstnacht auf Lesbos

Hell und Dunkel
Licht und Schatten,Gesänge
Der letzten Nachtschwärmer
High Heels klappern
Im lichten Nebel schwebend
Über der Promenade
Zum Strand der Gestrandeten

Die vermeintlich Geretteten
Bestaunen die Kontur
Des Luxus Leben

Rückblende 1

Im heulenden Wind von Zadar,

Salz schleckend von der Liebsten Haut
Unsicher, ob die Sonne diesmal hilft,
Soviele Narben,so schlecht verheilt,
Es beginnt schon zu dunkeln
In seinen Augen,
Schon vor der Sommersonnenwende.

Stille Nacht, unheilig geschwängert

die Luft vom Duft der Pinienwälder.
Wind streichelt das Haar der Liebsten.
Die Nachtsonne weist uns den Weg.

Nachtbleiche Tage,

Gelber Sonnentanz.
Immer zur Nacht zieht es ihn
Unter Wasser. Atemfrei
Schuppt später er
Salz von seiner Haut.

Der Chor der Zikaden

jugoslawisch kroatisch
nicht griechisch römisch
holt ihn ein
       manchmal zur Nacht.
Er erinnert das Blau
       in Wasser und Luft
und er kann es schmecken
für Sekunden
       das wirkliche Leben.

Kleine Virenkunde

Kontaktbeschränkung!

Das Wort schnarrt
Erinnerung heischend
aus den Lautsprechern.
Bei Amazon schnurren indes
die Bänder zum Versand
der sinnfreien Bestellungen
wider die Angst.

Man muss aber wohl damit leben,
daß der geistige Mensch in unserem Zeitalter ausstirbt

Heiner Müller, Stirb schneller Europa

Kunst- Denkmal

Mühlsteine aus Zeit
graben sich ins Restbewusstsein.
Was beginnen
mit der hoffnungsfreien Phase?
Die *Barbaren* stürmen
bei Netflix den Limes.
Kunst bleibt als Denkmal
(nur an frischer Luft)
eine vage Erinnerung.

Die Galerie ist auch ein Marktplatz
und wird trotzdem geschlossen.
Die Besichtigung
von Möbeln und Automobilen
bleibt weiterhin erlaubt.
Wohin sonst mit der Kauflaune?
Die Vasallen der vergammelnden Macht
verhängen geistige Sperrstunden.

Schließt die Theater!
Schließt die Kinos!
Und vergesst die Museen nicht!
Stellt sicher, dass wir morgendlich

uns weiter drängeln,
dicht an dicht
in den Bahnen und Bussen,
die ans Tagwerk uns karren.

Und täglich lauert
am Arbeitsplatz der Tod,
aber, dank euch Paladinen
nicht mehr beim Feierabendbier.

Niemand wird kommen,

Dies trostfreie Land zu retten.
Querdenker ziehen gerade
Aus ihren Weg
Durch die Straßen.

Blöde glotzen! Selber tun!
Soweit kommt es:
Der Staat als Hort
Der Vernunft!

Und die verdrossen
Verwirrten Genossen
Sinken tiefer in den Morast
Des Pragmatismus,
Das Elend der Klasse
Erst aus den Augen,
Dann aus dem Sinn.

Keine Schlangen

vor den Alimentierstellen
im pfeifenden Wind.
Novemberblues:
Termin nur
nach Vereinbarung!
Schmallippig starren
die beamteten Gesundbeter
auf sich entfaltendes Elend
und husten
den Bittstellern was
von Marktwirtschaft.

Lockdown – die Zweite

Die Klappe fällt immer wieder,
die Inszenierung harrt
der neuerlichen Überarbeitung.
Das Virus, tödlich wie nie,
indes heißt Konkurrenz

Und es sterben heute
ganz klaglos die Leute.

Nun fehlt Vakzin und ein Ritter
von trauriger Gestalt.
Der Minister gibt der Industrie
Pfötchen und Millionen
warten auf die Rückkehr
ihres bewusstlosen Lebens.

Und es sterben heute,
ganz klaglos die Leute.
Allein im Heim.
So soll es also sein.

Die Teilung der Gewalten
tobt auf den Straßen.
Gesichtslose Richter urteilen,
was ihre Klasse diktiert.
Wasserwerfer im Wintertraum.

Eisgrau stehen
verwirrte Demonstranten
im Regen
der eigenen Blödheit.
Und uniformiertes Gelichter
grinst noch ohne Hang
zum Hängen.

Alles, denke ich da,
ist so unwirklich
wirklich und nichts daran
ist wirklich neu.

Der Rest ist Redeschwall
und betreutes Denken.
Der digitaler Staub der Verblödung
legt sich sanft über das Land
der Klopapierbesitzer.

Und so sterben heute
weiter klaglos die Leute.
Nicht nur im Heim.
So soll es also
immer noch sein!

Der Höhepunkt des Tages,

Das Verlassen der Heimstatt
Zum Richten des Augenlichts
Mit *Fielmanns* Hilfe
Werden Bügel gebogen
Über beanspruchten Ohren.

Durchblick heischend
Sehe ich
Endlich vor mir
Den rechtsfreien Raum
Der Pandemie
In ganz neuem Licht.

Erbarmensglücklich
Wende ich
Die Gesetze
Der Schwerkraft an.

Phase 3

Impfwillige Impflinge harren aus
vor den Vergabezentren.
Der Taktstock der Konvergenz
schwingt wie ein Fallbeil.

Die Verwaltung regiert
in Harmonie. Eiliger Verbrauch
von Namen, Zeichen, Zeiteinheiten.

Maordierende Waldorfschüler,
Impfpaniker und Verquerdenker
wahren die Freiheit
der Versammlung.

Mit Abstand
stehen die Ordnungskräfte
Spalier
und prügeln feixend
Linke von der Straße.

22.März 2021

Rückblende 2

Vor dem Erwachen

Im Wandeln begriffen,
schlitternd
auf schneeigem Opiatfilm.
Nichts mehr begreifen,
nichts mehr wissen müssen.
Und ein Held
in vollkommener Welt.

Zähe Zeiten

Vierundzwanzig Nächte,
gut verdrahtet
hing er zwischen
Schwefel und Nachtmahr.
Sehr wohl ahnend,
das der Kampf
noch nicht einmal
begonnen hatte.

Das Aufschrecken,

als hätte man geschlafen.
Das Reden mit ihr
in jedem Moment.
Bei sich
nutzlose Haut,
die Wärme spendet
dem Bett.
Sinnloses Wachen.
Gedanken, irrlichternd
ohne Schritt und Maß.
Seine Hand,
fremd geworden,
streichelt den Schmerz.

Wer hat gesagt, daß sowas Leben
ist? Ich gehe in ein
anderes Blau.

Rolf Dieter Brinkmann

Draußen ist Licht, keine Sonne

Dem Himmel fehlt das wirkliche Blau.
Er, ausgebleicht, von diesen Tagen
unterscheidet nur noch die Gezeiten.
Nirgendwo endet die Nacht.
Der Morgen hatte das auch
nicht versprochen.

Versäumnisse säumen

die Allee seines Lebens.
Manchmal zur Nacht
besichtigt er sie einzeln.
Und schließlich
beginnt ein Reigen
in immer rasanterer Fahrt.

Der Traumkopf

spinnt des Nachts
Problemnetze,
die zu entwirren
ihm der Tag
nicht mehr reicht.

Das Gesicht der Liebsten,

erblickt er erst wirklich
als er sicher ist, noch nicht
an der Reihe zu sein.

Vierundzwanzig Tage und Nächte
haben sich in ihr Antlitz gegraben.

Das Lächeln mit hartem Zug
Mutwillen um dem Mund,
trug ihn weiter
als er je ahnen konnte.

Und wie in dunkle Gänge
Mich in mich selbst verrannt,
verhängt in eigne Stränge
mit meiner eignen Hand.

Thomas Brasch (1982)

Nachtmahr im Angesicht

Tosende Träume. Keine Wende.

Das Treiben hat mein Ende

Jule und Jim auf dem Oktoberfest,
das gibt mir den Rest.

GLOSTER: Nun ward der Winter unsers Mißvergnügens

Shakespeare, König Richard III., 1. Aufzug, 1. Szene

Der Winter und ein Ende

So etwas wie Winter

Den vierten Tag schon gehüllt
in graugelbes Licht,
verschleppt der Atem den Gang.
Nebelnadeln fechten filigran.
Er sieht sich schließlich
im Spiegel eines SUV.
Die Stirn eisgrau gestreift
wie ein Häftlingskostüm.

Wintertraum

Lautlos fliege ich übers Eis
gezeitenloser Meere
und keine Angst
erwärmt mein Herz.

Nachdunkeln werde ich,
aufrecht gepresst
in frierende Landschaft.

Abbruch

Klartext als Chiffre
Und ganz sacht
verrutscht mir
die Nacht
in das Niemandsland
Morgen.

Das Erwachen
stiehlt mir
den letzten Satz.

Das Humboldt Forum eröffnet virtuell

Die Namenspatronen
müssen schweigen.
Das alte Preußen
lungert, neu erschaffen
als Attrappe
in jeder zugigen Ecke,
dieses großzügig bemessenen
Autohauses.

Viel Platz für das Diebesgut
von Generationen
kolonialer Kleptomanen.

Des Architekten
historisches Feingefühl
ist untrüglich:
Eine Fassade ähnelt
den Schießscharten
mittelalterlicher Burgen
und wendet sich
gen Osten.

18.Dezember 2020

Erste Mauerpassage Dezember 1989

Die Heilsarmee
(ja jene, die wir nur aus Filmen kannten)
steht Spalier
hinter den Grenzern,
(die völlig sinnfrei einen Blick in meine Dokumente werfen),
und gibt Tee aus,
hält Decken bereit
und Bananen,
als wären wir,
die wir Einlass begehren,
Überlebende
eines Bombardements
oder einer Feuersbrunst.
Ich lächelte unverständig.
Später erst ging mir auf,
wie vorausschauend
man uns
als zukünftige Empfänger
von Almosen
behandelte.

Ich steuere mich

durch die Einkaufsmeile
der Leere.

Mein Augenpaar starrt
durch mich.

Im Spiegel des Schaufensters
sehe ich ein Bild.

Geronnene Erfahrung,
flüstert mein Schutzengel.

Das, sage ich leis,
das kann ich nicht sein.

Kataster des Unglücks

Sammlung von Dingen
oder Sachverhalten
mit Raumbezug.
Den Zug der Zeit
nicht vergessen
und den Albtraum
Gedächtnis.

Stirb schneller Imperium

Immerhin die Richtung stimmt:
Die immer gleiche Bewegung.
Die Peristaltik des Untergangs,
ist unerträglich träge,
und die Ästhetik des Vorgangs
freilich begrenzt.

Schneestille endlich

in der sich färbenden Stadt.
Das Knirschen des Splits
unterm Stiefel hilft
aus der wattierten Zelle.

Was gestern gescheitert ist, sollte morgen wiederholt werden...

Franz Jung

Einst, nach dem Winter

Pegasus, das Flügeltier
ein Oldtimer, aufgemöbelt
von vorwitzigen Genossen
ist bereit.

Auch ist es Zeit,
die neue Zeit zu erfassen.
Die Stechuhr des Fortschritts
vom Staub befreit,
arbeitet schon wieder.

15. Januar 2021

Und jeder will sein ein Gott,
wer hielte sich sonst aus.

Georg Maurer

Die Knochen meines Lebens

Splittern. Das Frühjahr atmet
Vergängnis. Immer zur Nacht
Wölbt Lenzen die Lippen, wippt
Auf der Bettkante und lacht.

Eine Last ist mir genommen.
Leichter davon wird nur die Haut,
Die als Hülle kaum mehr taugt.

Grenzlagen

Der Wind hat gedreht, die See
östlichen Namens tobt
dem Strand entgegen.
Eis glitzert an den Masten.
Der Atem sticht mit Nadeln
tief in den Leib. Das Lächeln
der Wetterfee gefriert.
Eine Ostbrücke freilich
ist nur beim Wetter
keine gute Nachricht.

Die Krähen schliefen in den Bäumen
der Wind ging durch den Wald.
Er wußte nichts von ihren Träumen:
Der König stirbt auch bald.

Thomas Brasch

Sonnenwinter

Goldübergossen die kahlen Äste
am Firmament im grauen Berlin.

Ich friere im Takt der Straßenbahnen,
die durch das Schneeland kriechen,
knirschend gegen den Split
sich in die Kurve legen.

Krähen bewachen ihre Opfer
und warten auf die tägliche
Schwärze der Welt.

»Ja, wir müssen ausstrahlen:
Wir sind bereit zu regieren – nicht als Selbstzweck,
sondern weil wir so noch besser als Sozialgarantie wirken können...«

Katja Kipping (22.1.1.2020 im »Spiegel«)

Ein Vogel mit struppigem Gefieder

rasselt immer und immer wieder
mit dumpfem Geräusch
auf die immergleiche
Scheibe nieder.

So weit zurück gehn, um das Ziel in wieder erreichbarer Ferne zu sehn.

Volker Braun – Handstreiche

Winterträume

Was für ein Untier
springt da zur Nacht
durch den verminten Wald
der Träume.
Das schützte einst
das Kind mit rasselndem Atem
immer im Winter
und immer zur Nacht,
      zerrte es zuverlässig
zurück
zu seinem Stück
Leben.

Unser Digitaler Reiseplan
fühlt sich ganz geschmeidig an.
aber nur für uns

Klone ohne Drohne

Und alles ward besser,
nur nichts wurde gut.
Dabei hatte man doch
versprochen,

es würde uns abgeholfen:
habt Ihr Kummer oder Sorgen,
dann schreibt gleich morgen
an Frau Puppendoktor Pille mit
der großen klugen Brille...
kräht es aus den Kindertagen.
Und der Gang zum Reisepfad,
dem Ausgang der Träume
war eine Sturmbahn.
Und das Gewehr
zu meiner Verteidigung
war leider gänzlich
aus Holz gefertigt.

                          Rain train, tränenlos
              unsere Abfahrt ohne Fahrplan
              aber nicht ohne die Ausgabe
                          von Zieldaten.

Und heute:

Der Sturz aus höherer Warte
weiss vor Wut
            und aus allen Wolken.
Der Aufschlagzünder,
            (der ist auch schon aus der Mode)
reagiert zuverlässig
und beendet
            das schreiende Elend
mit Knall und Fall.

Nach diesem langen Winter
du wirst nur einen Schritt
entfernt hinter mir stehen...

Charlotte Grasnick

Winterende

Wir bleiben dort, wo wir einst erfroren.
Und Schnee trocknet knisternd das Gesicht.
Wir träumten kurz, wir wären neu geboren.
Seid Kinder, unbesorgt, wir sind es nicht.

Es brennt die Sonne kraftvoll auf uns alle nieder,
wir frösteln dennoch zitternd bis ins Mark.
Vogelsang kehrt emsig lärmend wieder,
wir hören nur ein Grollen unterm Sarkophag.

Wir hoffen immer, und in allen Dingen
ist besser hoffen als verzweifeln. Denn
wer kann das Mögliche berechnen?!

Goethe, (Torquato Tasso III, 4)

Psalm

Wenn ich doch wählen könnte,
meine ganz persönliche Triage:
Die Wahl der Waffen
im letzten Händel.

Mein Fünfjahrplan:
am Leben bleiben,
und meine Frau lieben.
Vollständige Agenda
30 Jahre
nach der großen Niederlage.

Anmerkungen

Der erste Herbsttag

Die katalanische Unabhängigkeitsbewegung erreichte ihren Höhepunkt bei einem von der Zentralregierung verbotenen Referendum am 1. Oktober 2017. 90 Prozent der Teilnehmenden stimmten für eine Unabhängigkeit Kataloniens. Allerdings nahmen – auch wegen des Verbots – nur 43 Prozent der Wahlberechtigten teil. Der spanische Staat versuchte mit brutalem Einsatz von Polizei und Gardia Civl das Referendum zu verhindern.

Der dritte November

Am 3. November 2001 starb der Dichter Thomas Brasch in Berlin.

4. November 1990

Am 4. November 1989 organisierten Theatermacher eine Kundgebung auf dem Berliner Alexanderplatz. Es war die erste genehmigte nichtstaatliche Demonstration der DDR und mit mehreren hunderttausend Teilnehmenden wohl auch eine der größten. 5 Tage später fiel die Mauer in Berlin und mit ihr alle Reformbestrebungen für eine erneuerte DDR.

Rückblende 2

Der Autor erkrankte 2019 an Krebs. Die unternommene Operation war begleitet von schweren Komplikationen, die einen längeren Aufenthalt auf der Intensivstation der Klinik notwendig machten.

Stirb schneller Imperium

Der Text entstand eine Tag nach dem Sturm auf das Kapitol am 6. Januar 2021 von Anhängern des damals noch amtierenden aber bereits abgewählten Präsidenten der Vereinigten Staaten von Amerika Donald Trump.

Das Humboldt Forum eröffnet virtuell

Nach siebenjähriger Bauzeit hat am 16.12.2020 das Humboldt Forum in Berlin seine Pforten geöffnet – corona-bedingt zunächst nur digital. Der Neubau des Museums- und Veranstaltungszentrums am Platz des Palastes der Republik, der gegen vielfachen Protest abgerissen wurde, ist auch architektonisch – höflich formuliert – nicht unumstritten.

Winterträume

Frau Puppendoktor

Einmal wöchentlich im Abendgruß des Kinderfernsehens in der DDR. Jahrzehnte war Frau Puppendoktor Pille Ratgeberin für alle Puppenmuttis und -vatis.

Aufschlagzünder

Ein Aufschlagzünder bringt eine Sprengladung beim Aufschlag auf den Boden oder auf ein Zielobjekt zur Detonation. Er funktioniert rein mechanisch, meistens mit Zündnadeln. Bomben mit chemisch-mechanischem Langzeitzünder sind hingegen so konzipiert, dass sie erst Stunden nach dem Aufschlag detonieren.

Winterende

Der Dichterin *Charlotte Grasnick* ,(* 26. September 1939 ; † 23. Mai 2009) gewidmet.

Inhalt